Inhalt

Resilienz - der gekonnte Umgang mit dem Unerwarteten

Kernthesen

Beitrag

Fallbeispiele

Weiterführende Literatur

Impressum

Resilienz - der gekonnte Umgang mit dem Unerwarteten

Robert Reuter

Kernthesen

- Sowohl in der Psychologie als auch in der Organisationsforschung gewinnt der Begriff Resilienz an Bedeutung.
- Die Forscher versuchen zu ergründen, warum Menschen mal mehr mal weniger widerstandsfähig auf äußere Störungen reagieren. Dieselbe Frage stellt sich Unternehmen.
- Die Ergebnisse der Resilienzforschung sind noch überschaubar. Jedoch kristallisiert sich heraus, dass resiliente Unternehmen durch offene Kommunikation und durchlässige Hierarchien besser als andere mit dem

Wandel und mit dem Unerwarteten umgehen können.

Beitrag

Ein Begriff macht Furore

Resilienz ist ein anderes Wort für Widerstandsfähigkeit. Der Begriff spielt sowohl in der Psychologie als auch in der Organisationsforschung eine interessante Rolle. Resilienz ist die Fähigkeit, Störungen von außen auszuhalten, Krisen zu meistern und nach Niederlagen wieder aufzustehen. Damit ist diese Fähigkeit eine Grundvoraussetzung für Menschen, die stark unter Druck stehen und viel kämpfen müssen. Die Psychologie sucht hier einmal nicht nach Ursachen für die Erkrankung, sondern nach Gründen für die Widerständigkeit gegenüber psychischen Belastungen. Resiliente Menschen lassen sich nicht unterkriegen, meistern Lebenskrisen schneller als andere und zeichnen sich durch Optimismus aus. Für Führungskräfte ist Resilienz damit eine Eigenschaft, die gebraucht wird, wenn gesteigerte Verantwortung und Misserfolge zu (er-)tragen sind.

Ausgehend vom Individuum ist Resilienz zugleich ein

Charakteristikum von Unternehmen. So ist es beispielsweise eine berechtigte Frage, warum die eine Bank an der Finanzkrise zugrunde geht, während andere Institute - wie etwa die ebenfalls stark im Investmentbanking engagierte Deutsche Bank - nicht einmal Geldhilfen für das Überleben brauchen. Dies auf Vorstandsentscheidungen zu schieben, griffe zu kurz, denn diese Sicht wird dem Systemcharakter eines funktionierenden Großunternehmens nicht gerecht. Will man die Resilienz eines Unternehmens ergründen, muss man sich stattdessen um die "Strukturen" kümmern, das heißt um die Kommunikation, die Führungskultur, die Unternehmenskultur und um die Verankerung in der Gesellschaft. Die Resilienzforschung unternimmt damit den interessanten Versuch, individualpsychologische Muster in Unternehmensstrukturen wiederzufinden. Die Experten sprechen darum auch von der Resilienz als einem organisationspsychologischen Konzept. (1), (2)

Mentale Wiederstandsfähigkeit lässt sich trainieren

Persönliches Scheitern, Kränkungen und Misserfolge ziehen bei vielen Menschen ausgeprägt depressive Phasen nach sich. Depressionen sind auch das Kennzeichen von Personen, die als resilient gelten, allerdings finden diese Menschen schneller zurück in die Spur. Führungskräfte und Manager brauchen diese Fähigkeit, die sich nach Forschermeinung trainieren lässt. Zugrunde liegen betreffenden Seminaren die Erfahrungen insbesondere mit Soldaten. Sie sind für die Resilienzforschung besonders interessant, weil sich unterschiedlich starke Widerstandskraft an dieser Personengruppe besonders deutlich zeigt. Unter immensem Druck, der mit Todesangst und oft mit traumatisierenden Erlebnissen zusammengeht, entwickeln manche Soldaten posttraumatische Störungen, andere nicht. An der University of Pennsylvania hat man aus der Beobachtung resilienter Soldaten ein Übungsprogramm abgeleitet, das sich Master Resilience Training nennt und das sich an Führungskräfte wendet. Die auch für Unternehmensverantwortliche bemerkenswerte Grundlage des Programms ist die Annahme, dass negative emotionale Konsequenzen nicht durch den Auslöser per se passieren, sondern durch die Betrachtung des Auslösers. So wird ein Scheitern beispielsweise im Beruf erst dann zur psychologischen Belastung, wenn es als Folge persönlicher Unzulänglichkeit gesehen wird. Vielen Managern gelingt es jedoch, Misserfolge nicht persönlich zu nehmen, sondern sie den Umständen zuzuschreiben. Ihrer Verantwortung werden solche Manager oft nicht gerecht, zugleich bewahrt sie ihre Resilienz jedoch davor, durch den Rückschlag zu sehr in die Knie zu gehen. Ziel des Programms in den USA ist daher die Vermittlung der Fähigkeit, Betrachtungsweisen zu verändern und so die Seele zu entlasten. (3), (4)

Sieben Säulen der Resilienz

Vor der Erforschung steht die Beschreibung - und dies ist auch bei der Resilienz der Fall. In Deutschland kursieren gerade die "Sieben Säulen der Resilienz", mit denen der resiliente Mensch zunächst mit seinen besonderen Fähigkeiten beschrieben wird. Sie sind demnach dazu in der Lage, die Krise und die damit verbundenen Gefühle - Selbstzweifel, Niedergeschlagenheit, Wut - als Normalität zu akzeptieren. Damit ist ein gelassenerer Umgang mit der Lebensphase möglich. Resiliente Menschen mit einer akzeptierenden Grundhaltung nutzen ihre mentale und emotionale Energie dafür, unveränderbare Gegebenheiten konstruktiv zu verarbeiten und in ihr Leben zu integrieren.

Ein wichtiger Begriff in der Resilienzforschung ist der Optimismus. Widerstandsfähige Menschen glauben an das Ende der Krise, auch wenn sie es noch nicht sehen. Der Optimismus macht es resilienten Menschen zudem möglich, über Lösungen und neue

Wege nachzudenken, statt das Problem endlos zu analysieren. Damit entgehen resilienzbegabte Menschen der Falle, sich in eine Opferrolle hineinzusteigern. Weil sie daran glauben, dass sich das Blatt wieder wenden wird, bleiben sie handlungsfähige Akteure, die ihr Schicksal in die Hand nehmen können. (1)

Resiliente Organisationen - gekonnter Umgang mit dem Unerwarteten

Die Finanzkrise und ihr derzeitiges Comeback haben die Resilienz noch einmal in den Fokus auch der Organisationsforschung gerückt. Wie das resiliente Individuum zeichnen sich auch widerstandsfähige Unternehmen dadurch aus, dass sie in Krisenzeiten handlungsfähig bleiben und vergleichsweise schnell Auswege finden. Resiliente Organisationen kommen mit unerwarteten Ereignissen besser zurecht als Wettbewerber, indem sie äußere Störungen in Produktivität verwandeln. Ihr Kennzeichen ist damit ein gekonnter Umgang mit dem Unerwarteten und die Fähigkeit, als Gesamtorganisation schnell auf gewandelte Bedingungen reagieren zu können.

In den USA sind Untersuchungen an solchen Organisationen durchgeführt worden, die alleine durch ihre Aufgaben zu schneller Reaktion und Widerstandsfähigkeit gegenüber Krisensituationen gezwungen sind. Hierzu zählen beispielsweise Feuerwehren, Notabteilungen in Krankenhäusern, Flugsicherungen und militärische Einheiten. Diese besonders resilienten Organisationen zeichnen sich den Forschern zufolge durch eine besonders fehlerfreundliche Lernkultur aus. Die Mitarbeiter werden durch eine sehr offene Kommunikation dazu aufgefordert, Fehler zu erkennen und zu melden. Abweichende Meinungen werden dabei ernstgenommen und geschätzt.

Resiliente Unternehmen verfügen auch über Frühwarnsysteme. Zudem räumen sie denjenigen, die den Problemen am nächsten sind, große Handlungsspielräume ein. Die Mitarbeiter sind aufgefordert, selbstständig Entscheidungen zu treffen, was in der Praxis augenscheinlich dazu führt, dass Probleme - ohne die Einschaltung übergeordneter Hierarchien - besonders schnell bewältigt werden. (1)

Trends

Die Resilienz von Aschenputtel

In die Managerschulung haben neuerdings Märchen Einzug gehalten. Hirnforscher sind von der wohltuenden Wirkung von Märchen auf die Psyche überzeugt. Die oft schaurigen Geschichten bieten damit auch Führungskräften wichtige Erkenntnisse, was sich in einer zunehmenden Zahl von Publikationen niederschlägt. So sinnieren Tiefenpsychologen schon über die Resilienz von Aschenputtel, während die Psychotherapeutin Gloria Becker Unternehmen mit Hilfe von "Frau Holle" analysiert. Für die Motivation von Mitarbeitern bietet "Rotkäppchen" neue Ansichten, während die Bremer Stadtmusikanten ein gutes Beispiel für erfolgreiche Teamarbeit abgeben. (6)

Fallbeispiele

Die Logistik entdeckt die Resilienz

Auch in der deutschen Logistikwirtschaft hat das Nachdenken über Resilienz bereits begonnen. Auf dem Zukunftskongress der Branche im September wurde das Konzept den Gästen vorgestellt. Professor Ludger Heidbrink vom Kulturwissenschaftlichen Institut Essen plädierte dafür, weniger Effizienz und mehr Resilienz anzustreben. Da die Branche beständig mit wechselnden Bedingungen zu tun habe, seien Widerstandsfähigkeit und Flexibilität wichtige Voraussetzungen für den Zukunftserfolg. (7)

Weiterführende Literatur

(1) Resilienz
aus ZFO - Zeitschrift Führung und Organisation 03/2011, S.188

(2) Stärken Sie Ihre mentale Fitness
aus ZFO - Zeitschrift Führung und Organisation 03/2011, S.188

(3) Resilienz Mapping Die Schlüsselspieler des Innovationszyklus vernetzen
aus APA W&B vom 21.02.2011

(4) Wie Phönix aus der Asche, Niederlagen zum Trotz Persönliche Krisen dank Resilienzforschung nutzen
aus "Der Standard" vom 13.11.2010 Seite: 25

(5) Work-Life-Balance Wie Sie psychische Probleme vermeiden
aus www.elektrotechnik.de vom 08.09.2011

(6) Die Prinzessin auf der Erbse als Trainee
aus Frankfurter Allgemeine Zeitung, 01.10.2011, Nr. 229, S. C1

(7) Resiliente Zukunft
aus Verkehrs Rundschau, Heft 37/2011, S. 24

Impressum

Resilienz - der gekonnte Umgang mit dem Unerwarteten

Bibliografische Information der deutschen Nationalbibliothek

Die Deutsche Nationalbibliothek verzeichnet diese Publikation in der deutschen Nationalbibliografie; detaillierte bibliografische Daten sind im Internet über http://dnb.d-nb.de abrufbar.

ISBN: 978-3-7379-0250-2

© 2015 GBI-Genios Deutsche Wirtschaftsdatenbank GmbH, Freischützstraße 96, 81927 München, www.genios.de

Alle Rechte vorbehalten. Dieses Werk ist einschließlich aller seiner Teile – z.B. Texte, Tabellen und Grafiken - urheberrechtlich geschützt. Jede Verwertung außerhalb der Grenzen des Urheberrechtsgesetzes bedarf der vorherigen Zustimmung des Verlags. Dies gilt insbesondere auch für auszugsweise Nachdrucke, fotomechanische Vervielfältigungen (Fotokopie/Mikroskopie), Übersetzungen, Auswertungen durch Datenbanken oder ähnliche Einrichtungen und die Einspeicherung und Verarbeitung in elektronischen Systemen.